用線條畫出10000例 全世界

簡單又厲害的手繪圖畫全集
班級海報、學習歷程、AI繪圖、
Midjourney必備工具書！

10000

童心 編

目錄

老鼠

兔子

松鼠

猴子

狼

狐狸

狗

牛

馬

23

袋鼠

長頸鹿

山豬

27

斑馬

豹

獅子

浣熊

無尾熊

大象

梅花鹿

蛇

河馬

駱駝

鱷魚

犀牛

猩猩

恐龍

丹頂鶴

鵜鶘

海鷗

啄木鳥

59

蜂鳥

蜘蛛

鴨子

小雞

公雞

69

母雞

71

鷹

鴿子

天鵝

嬰鳥鵡

黃鸝鳥

81

喜鵲

麻雀

雁

蝙蝠

蝴蝶

蜻蜓

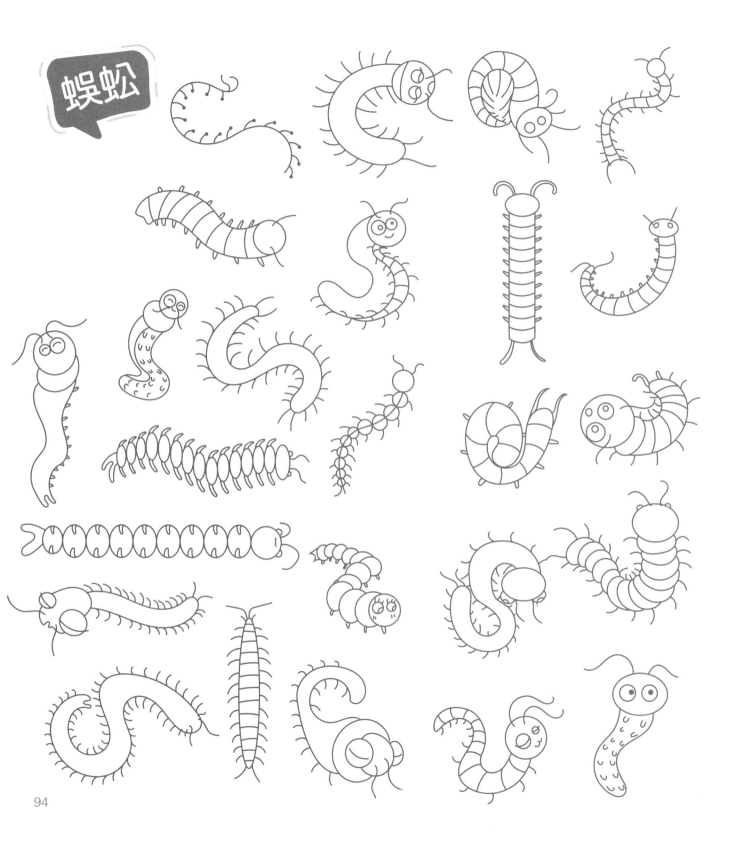

蜈蚣

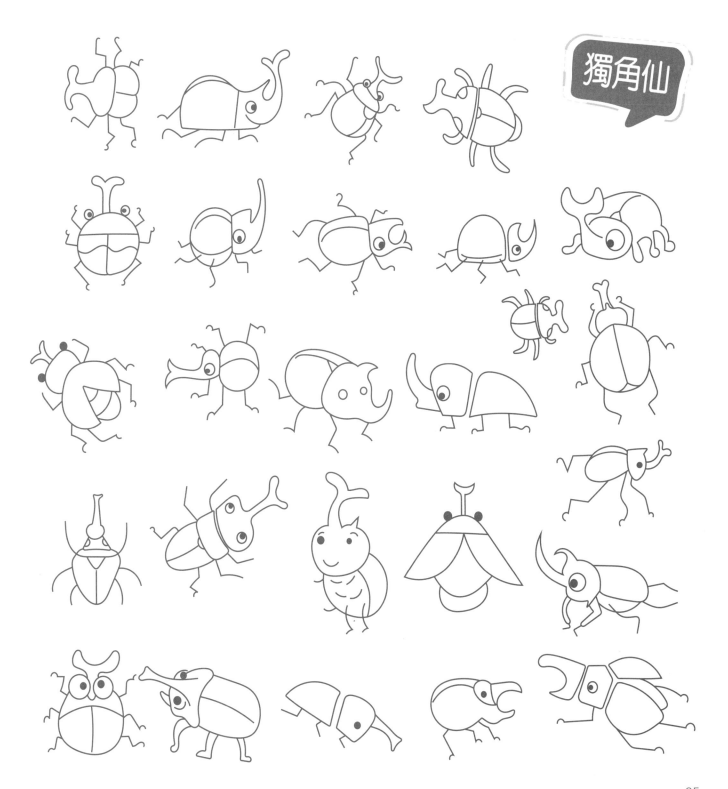

瓢蟲

螳螂

蟲斯

蝗蟲

99

蟬

蚊子

毛毛蟲

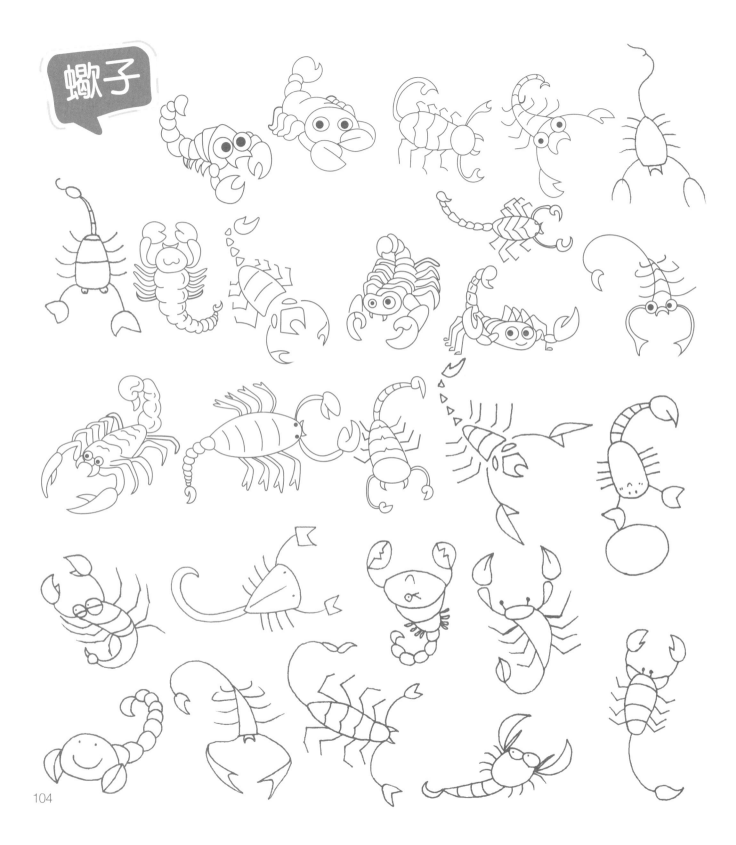

蠍子

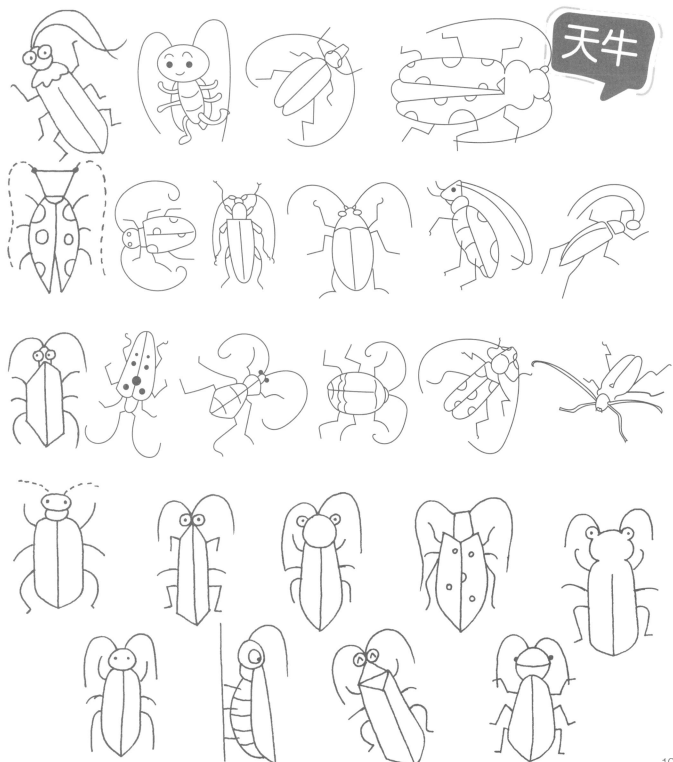

天牛

螞蟻

蝸牛

海豚

海豹

金魚

劍魚

小丑魚

飛魚

孔雀魚

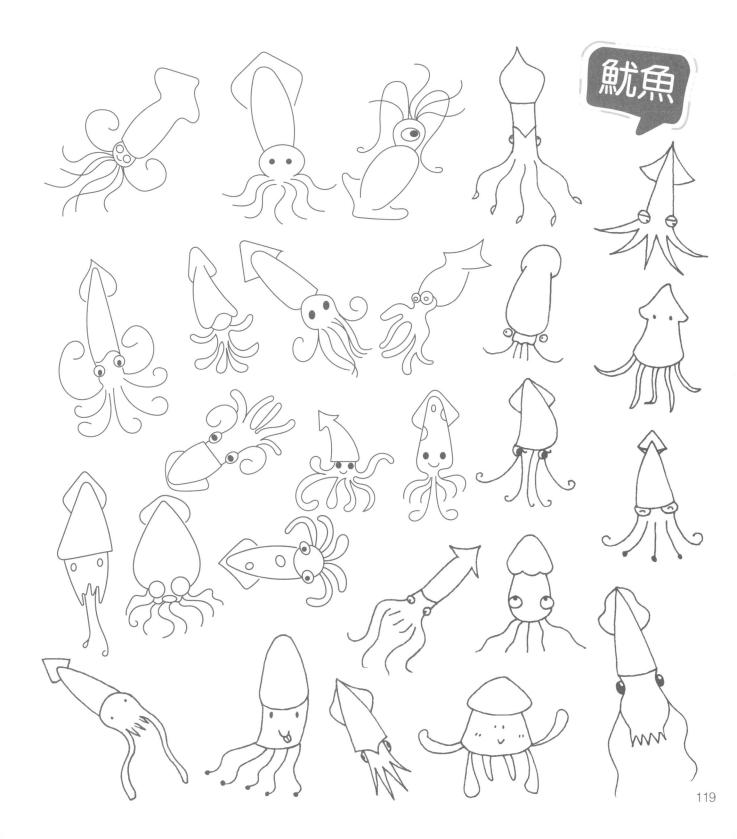

魷魚

章魚

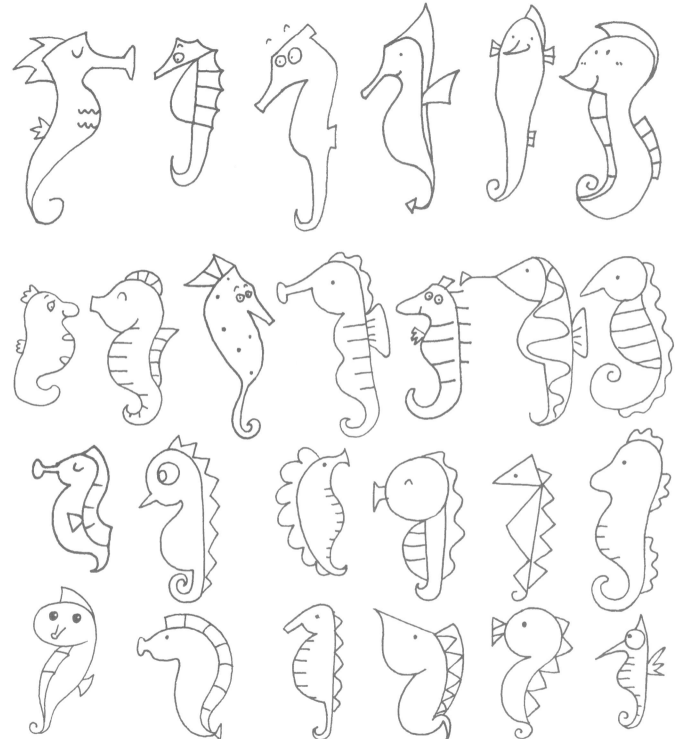

螃蟹

貝殻

海星

水母

珊瑚

青蛙

河豚

135

蝦

蘋果

葡萄

西洋梨

141

橘子

荔枝

香蕉

草莓

櫻桃

奇異果

桃子

哈密瓜

石榴

檸檬

鳳梨

山竹

火龍果

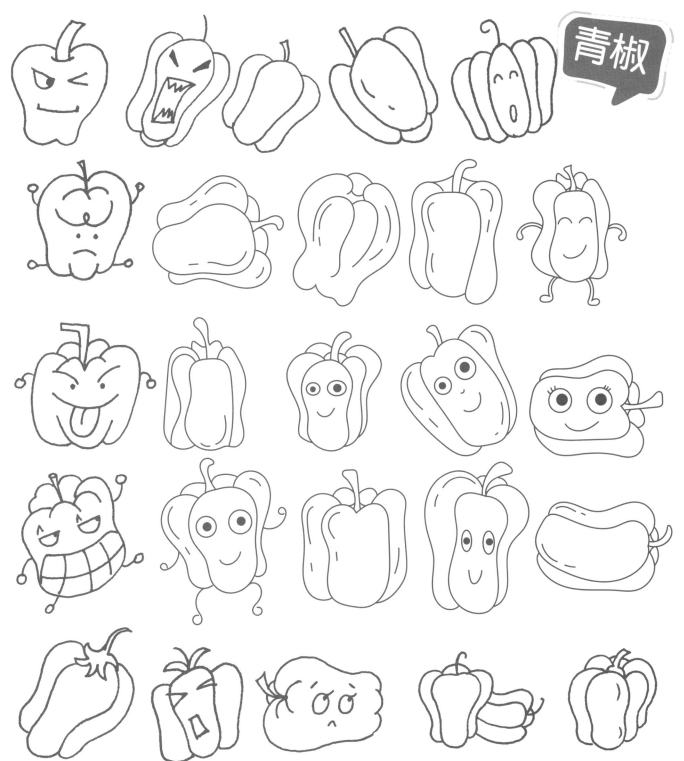

青椒

辣椒

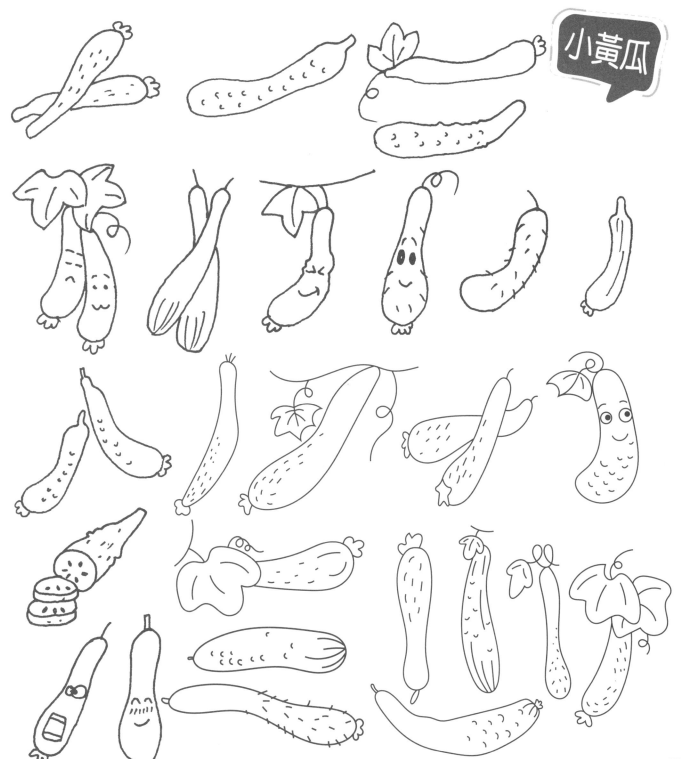

小黃瓜

番茄

蕪菁

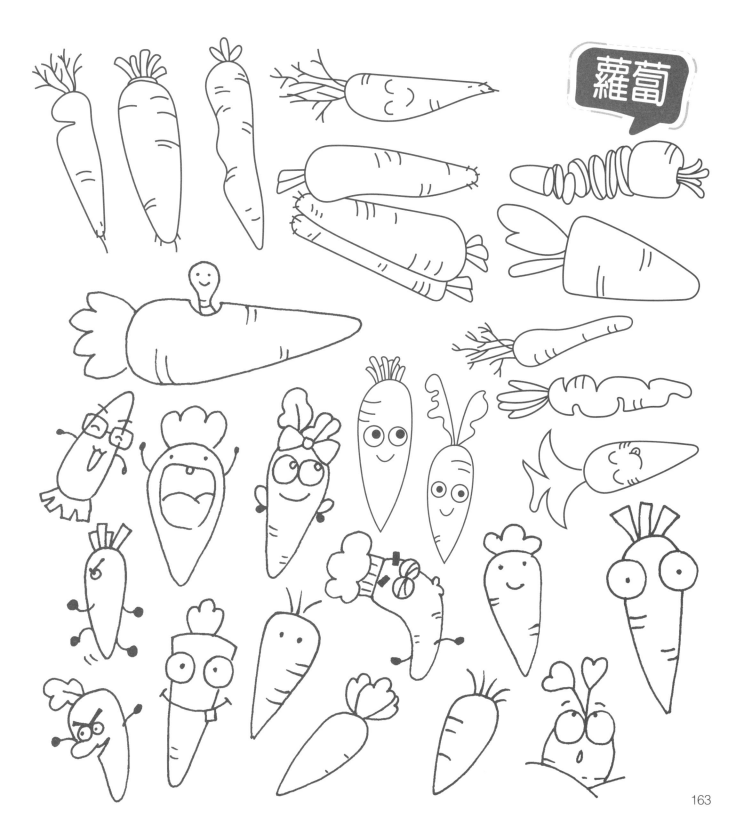

蘿蔔

大蒜

洋蔥

南瓜

馬鈴薯

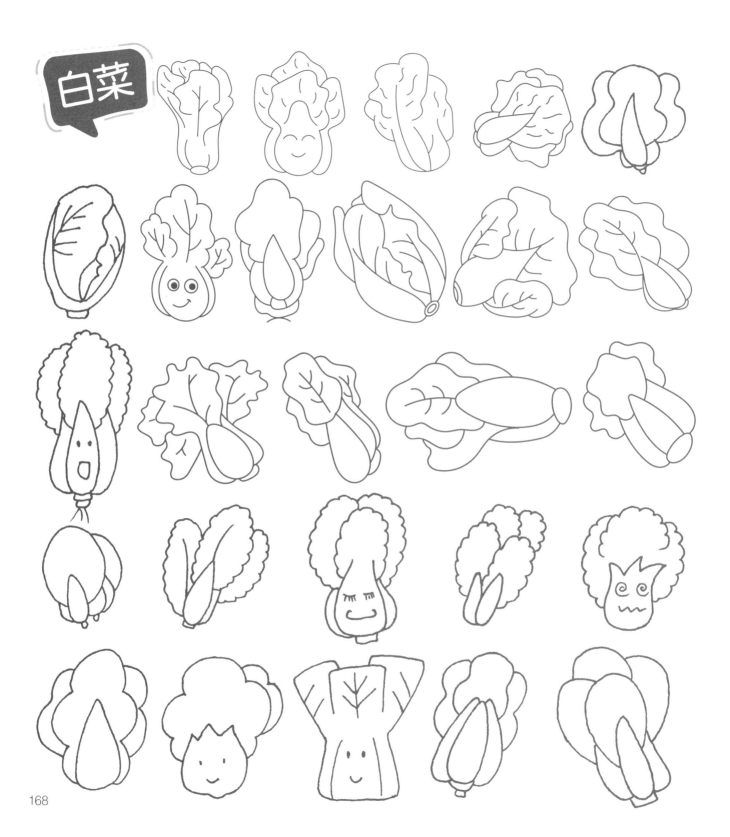

豌豆

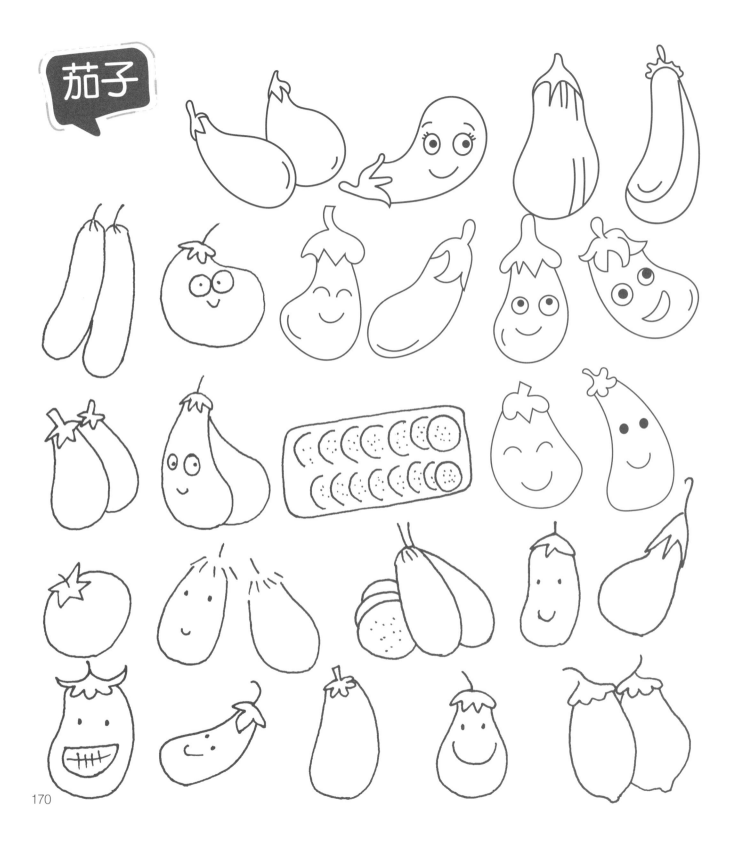

茄子

蓮藕

花生

多肉
植物

177

179

向日葵

菊花

荷花

黄金葛

百合

玫瑰

185

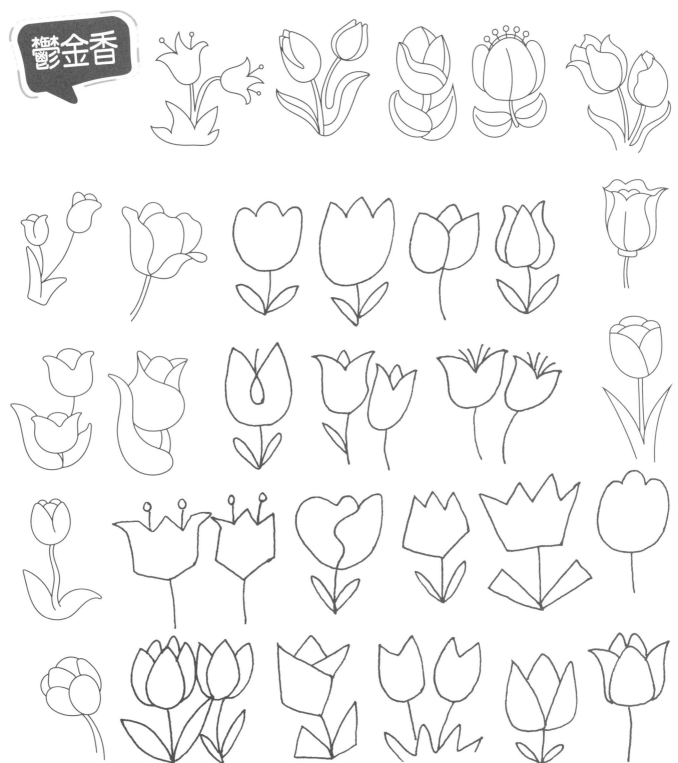

海芋

龜背芋

玉蘭花

蝴蝶蘭

牽牛花

蒲公英

三色菫

康乃馨

蘆薈

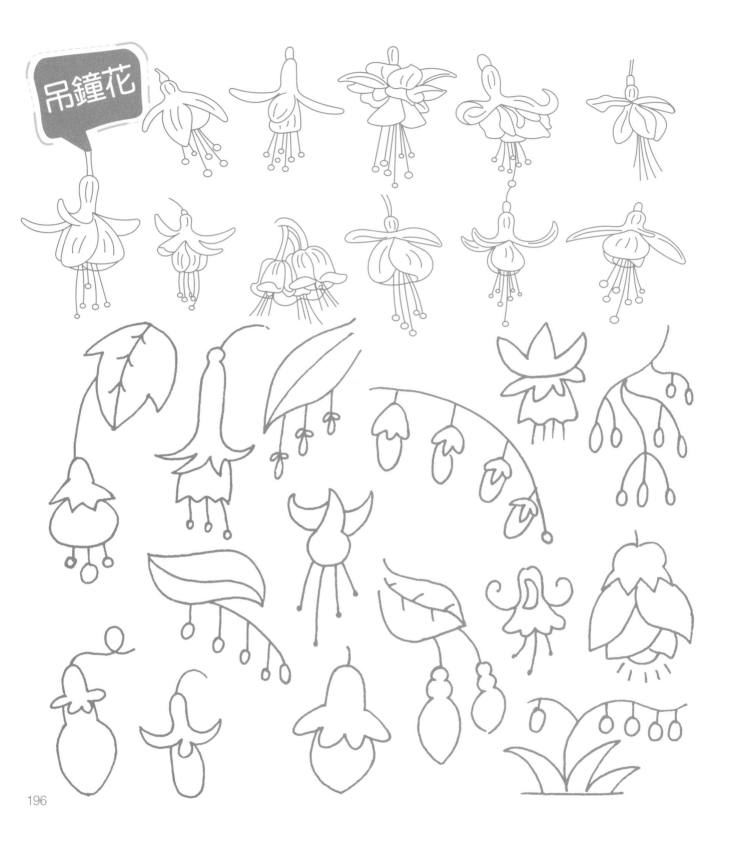

吊鐘花

水仙花

虞美人

海棠

合歡花

茉莉花

仙客來

梅花

櫻花

繡球花

春蘭

酢醬草

鈴蘭

牡丹

山茶花

桔梗花

木槿花

石竹

一串紅

蘆葦

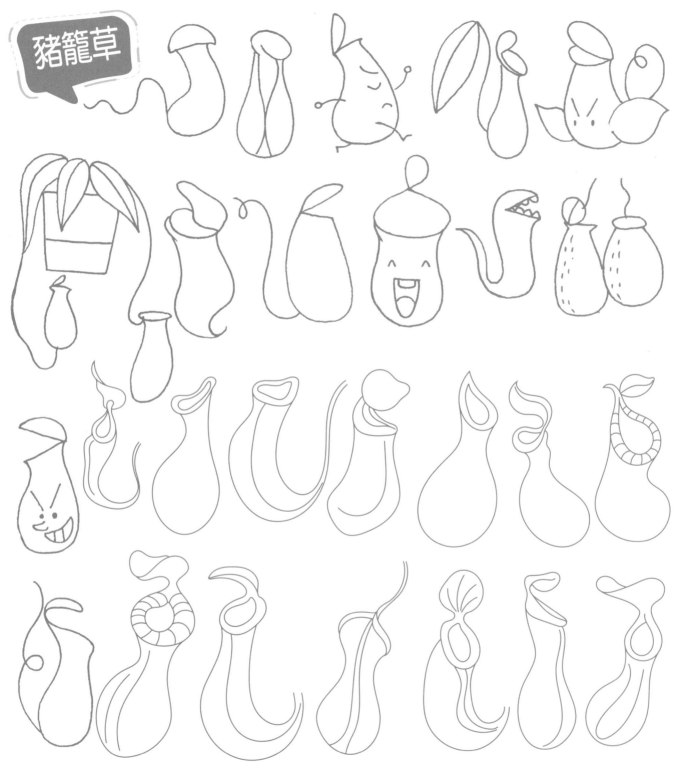

風信子

薫衣草

盆景

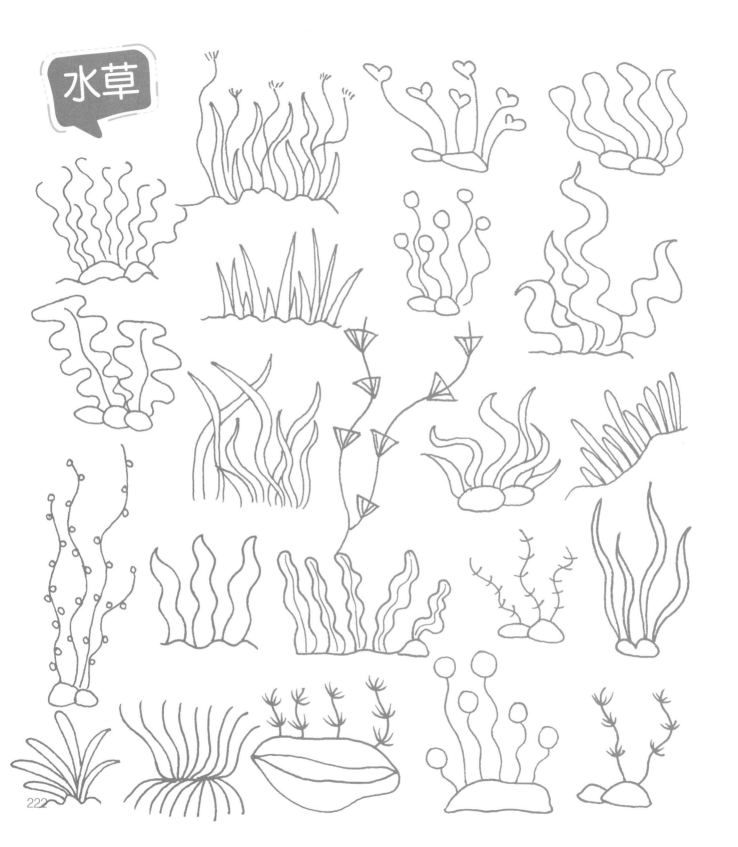

水草

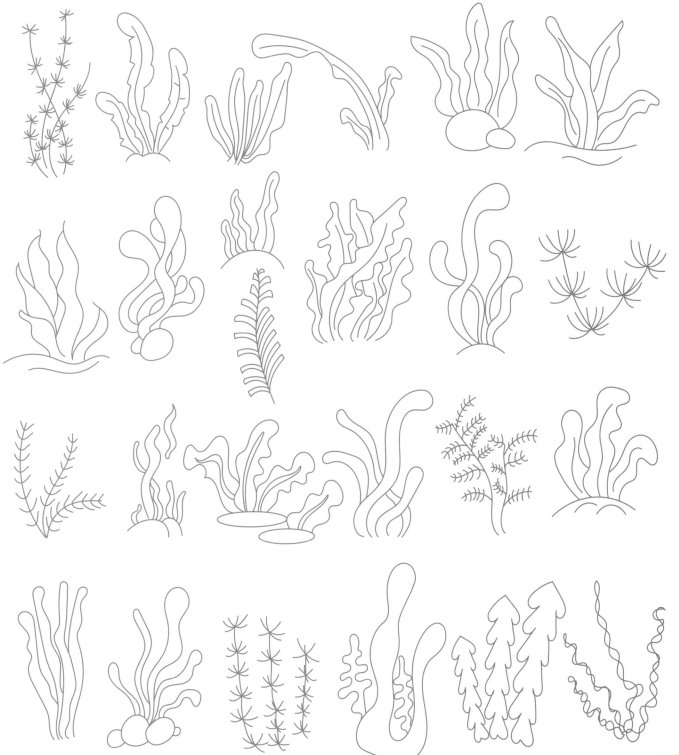

樹葉

樹椿

竹子

楓樹

松樹

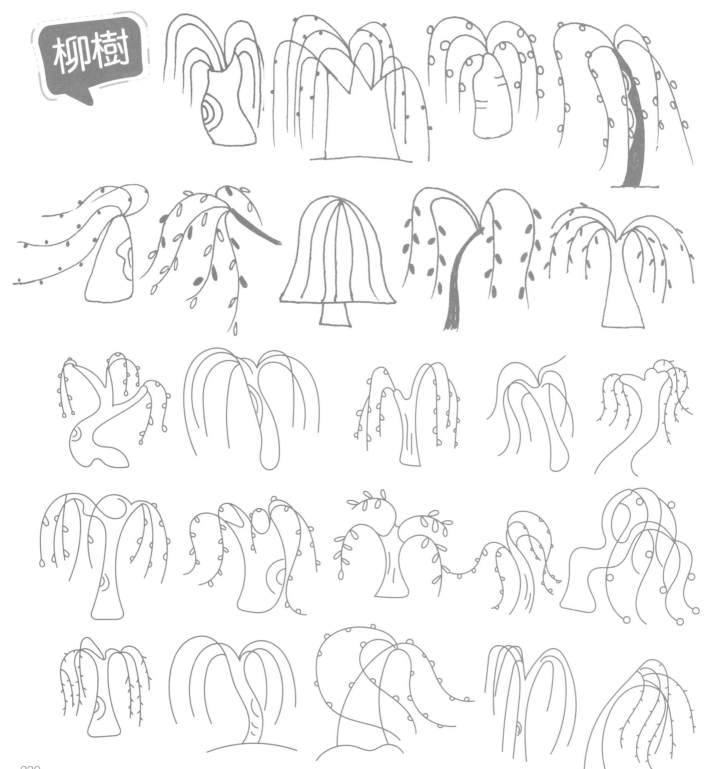

柳樹

銀杏樹

椰子樹

芭蕉樹

消防車

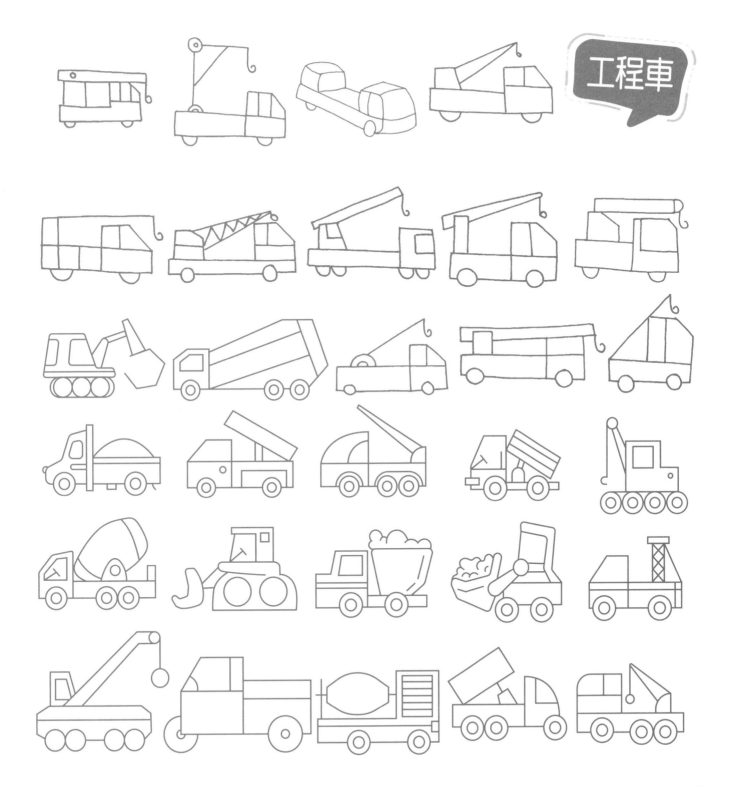

工程車

貨車

卡車

公共汽車

243

四輪
傳動

飛機

直升機

油罐車

計程車

曳引車

火車

救護車

警車

脚踏車

UFO 飛碟

熱氣球

輪船

帆船

太陽

月亮

雲

星星

彩虹

閃電

浪花

雪景

雪人

河流

瀑布

粽子

主食

漢堡

麵包

餅乾

蛋糕

生日
蛋糕

三明治

霜淇淋

糖果

起司

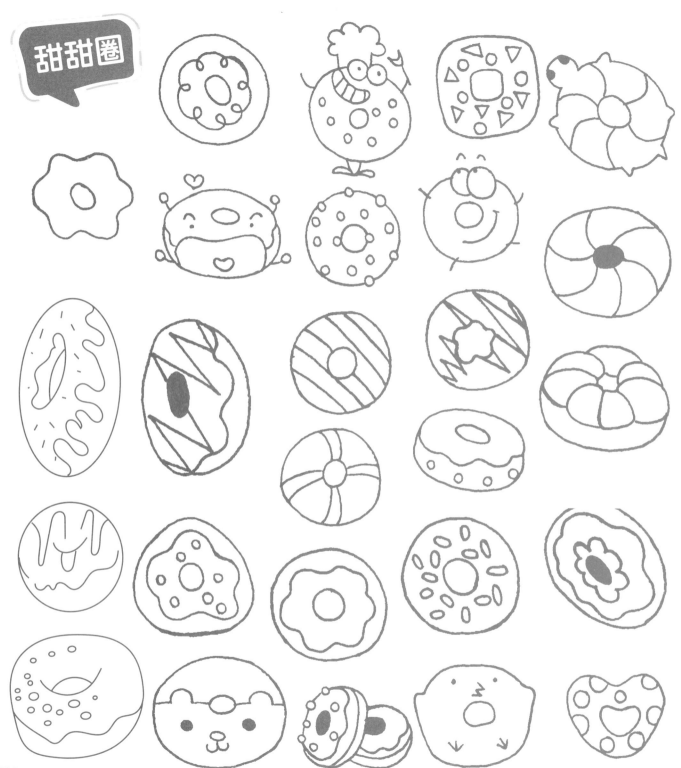

甜甜圈

壽司

冷飲

裙裝

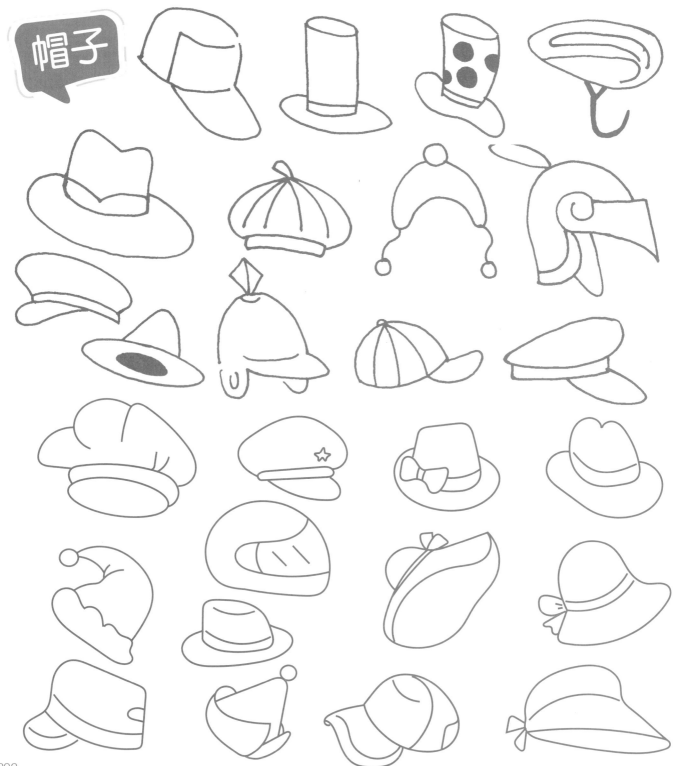

帽子

襪子

衣褲

鞋

包包

圍巾

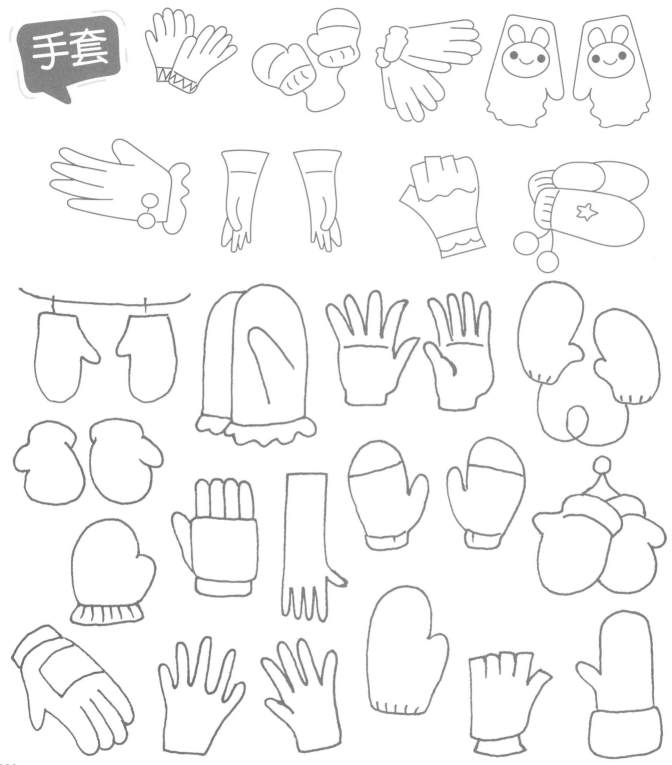

手套

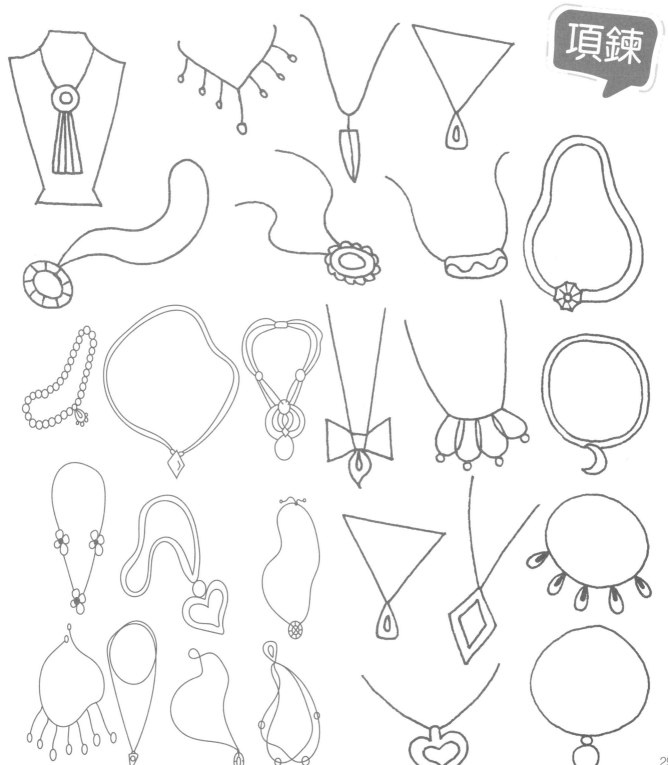

項鍊

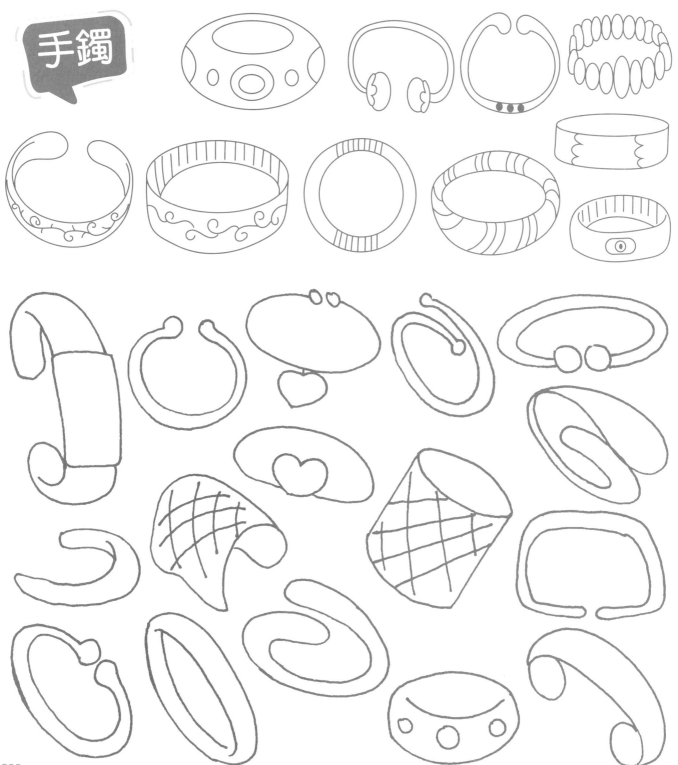

手鐲

眼鏡

傘

檯燈

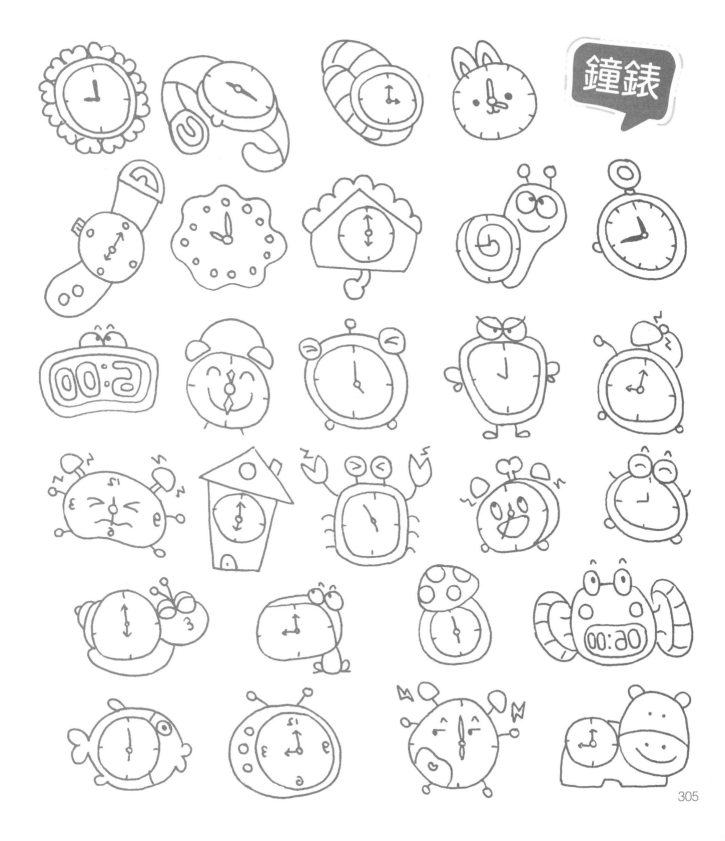

椅子

桌子

沙發

床

電話

厨房
用具

文具

體育
用品

樂器

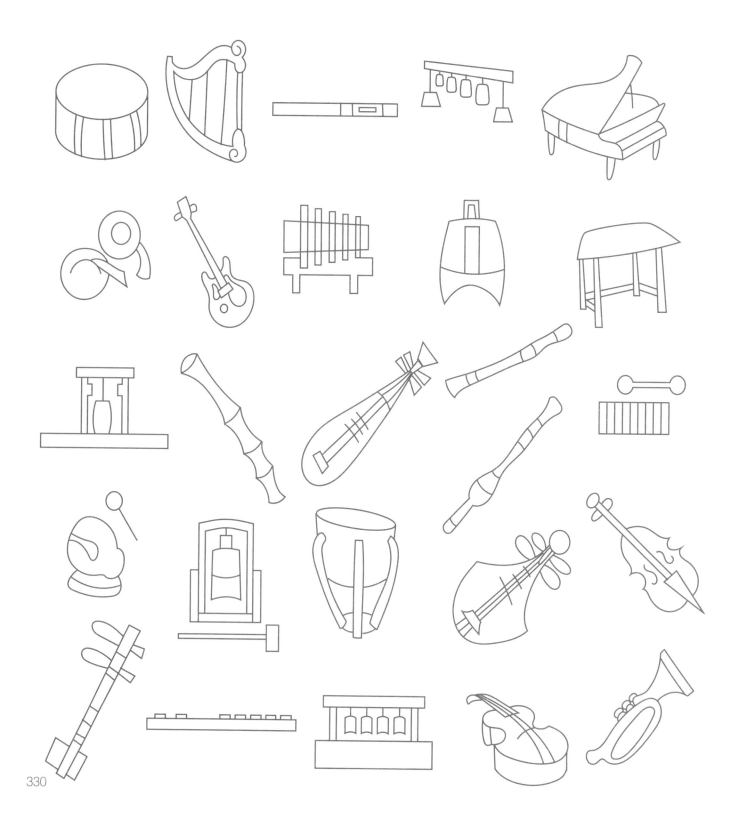

玩具

煙火
鞭炮

風箏

337

氣球

杯子

電視機

電腦

洗衣機

電冰箱

電風扇

345

花瓶和花盆

梳子

鏡子

橋

醫院

亭子

廟宇

塔

風車

茅草屋

教堂

城堡

木屋

錘

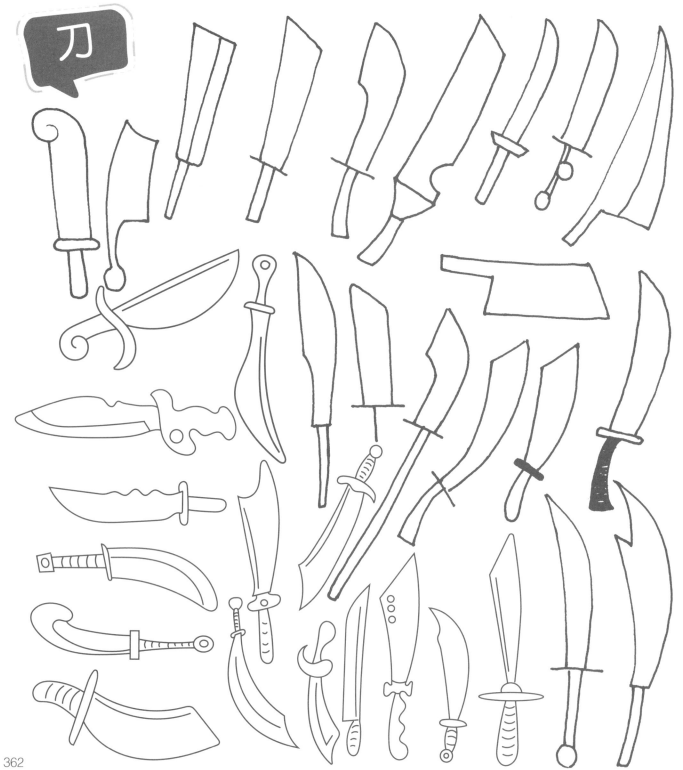

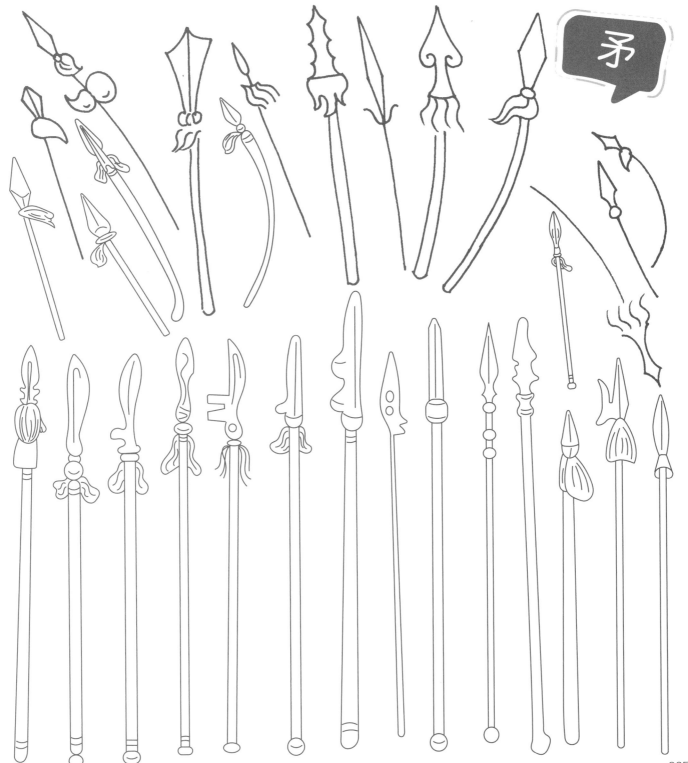

矛

飛鏢

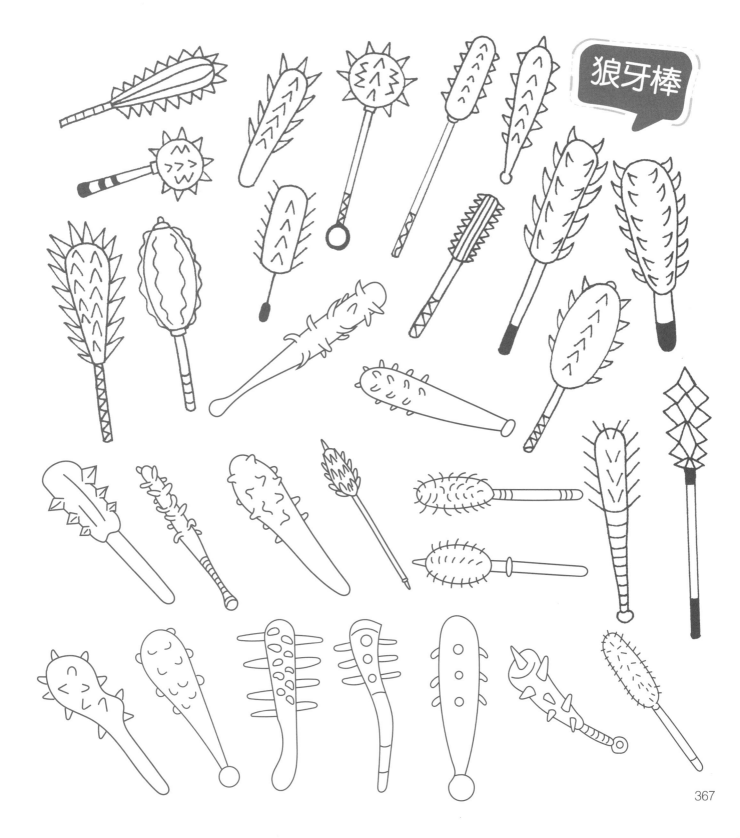

狼牙棒

盾牌

手槍

369

手榴彈

火箭

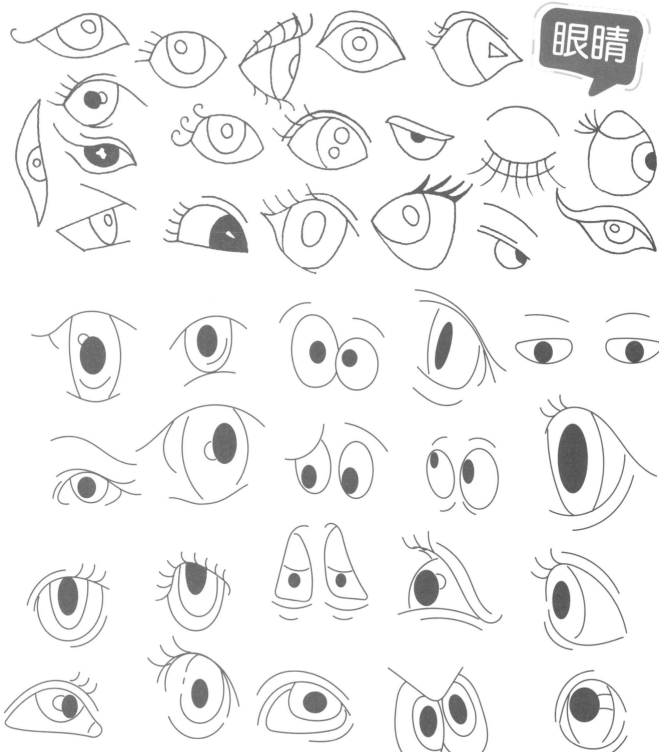

眼睛

表情

嬰兒

男孩

媽媽

奶奶

叔叔

阿姨

醫生

護士

畫家

工人

393

小丑

394

警察

老師

飛行員

民族
人物

用線條畫出全世界 10000 例：

簡單又厲害的手繪圖畫全集，班級海報、學習歷程、AI 繪圖、Midjourney 必備工具書！

編　　　著／童心
美 術 編 輯／申朗創意
企畫選書人／賈俊國

總　編　輯／賈俊國
副 總 編 輯／蘇士尹
編　　　輯／高懿萩
行 銷 企 畫／張莉滎・黃欣・蕭羽猜

發　行　人／何飛鵬
法 律 顧 問／元禾法律事務所王子文律師
出　　　版／布克文化出版事業部
　　　　　　台北市中山區民生東路二段 141 號 8 樓
　　　　　　電話：(02)2500-7008　傳真：(02)2502-7676
　　　　　　Email：sbooker.service@cite.com.tw
發　　　行／英屬蓋曼群島商家庭傳媒股份有限公司城邦分公司
　　　　　　台北市中山區民生東路二段 141 號 2 樓
　　　　　　書虫客服服務專線：(02)2500-7718；2500-7719
　　　　　　24 小時傳真專線：(02)2500-1990；2500-1991
　　　　　　劃撥帳號：19863813；戶名：書虫股份有限公司
　　　　　　讀者服務信箱：service@readingclub.com.tw
香港發行所／城邦（香港）出版集團有限公司
　　　　　　香港灣仔駱克道 193 號東超商業中心 1 樓
　　　　　　電話：+852-2508-6231　　傳真：+852-2578-9337
　　　　　　Email：hkcite@biznetvigator.com
馬新發行所／城邦（馬新）出版集團 Cité (M) Sdn. Bhd.
　　　　　　41, Jalan Radin Anum, Bandar Baru Sri Petaling,
　　　　　　57000 Kuala Lumpur, Malaysia
　　　　　　電話：+603- 9057-8822　　傳真：+603- 9057-6622
　　　　　　Email：cite@cite.com.my
印　　　刷／卡樂彩色製版印刷有限公司
初　　　版／2023 年 05 月
定　　　價／450 元
Ｉ Ｓ Ｂ Ｎ／978-626-7256-61-9
Ｅ Ｉ Ｓ Ｂ Ｎ／978-626-7256-62-6（EPUB）

城邦讀書花園
www.cite.com.tw

布克文化
WWW.SBOOKER.COM.TW